AF415996

Greta Brigati

TORMENTI

◆

PENSIERI E POESIE

EDIZIONI WE

Foto di copertina: Greta Brigati

ISBN 979-12-80240-98-9

©2022 Edizioni WE di Nicola Bergamaschi
Via Paulli 10/A – 26015 – Soresina (CR)

www.clickpertutti.com
www.edizioniwe.com
www.facebook.com/edizioniwe
www.instagram.com/edizioniwe
info@edizioniwe.com

PREFAZIONE
di *Matteo Belgiovane*

La fragilità della vita trascritta timidamente a matita, pura leggerezza dipinta con parole forti e intrise di significato umano, su un foglio di carta.

La poesia è quell'angolo di anima trascritto dall'ispirazione e donato al mondo, questa è la poesia...

Leggerezza, forza, intimità, complicità e fragilità...

Negli scritti di Greta ho rivisto tutte queste qualità non scontate e spesso non riconosciute a noi ragazzi giovani. Penso, che per costruire un futuro sereno, pieno di sorrisi veri liberi da ogni dubbio di falsità, serva proprio la cultura e l'intelletto di ognuno di noi, riconosciuto da pagine scritte.

Cos'è la vita? La vita è quel dono frutto dell'equilibrio tra emozioni e tempo producente ricordi segnanti, usuranti come intemperie con una roccia.

Il tempo lo temiamo, spesso lo disegniamo come un nemico, ci fa paura quel rintocco di orologio, ci mette fretta e come succede con la scrittura, spesso con la fretta si commettono errori, cambiando il significato delle frasi.

Non dobbiamo rincorrere il tempo, ma far sì, come ci insegna la natura, che questo diventi un indicatore di maturità.

Una mela prima di essere mangiabile passa da vari stadi, germoglio, gemma, fiore e poi, nella sua stagione, frutto!

Non dobbiamo sprecare la nostra unica vita nel rimpianto, ogni secondo passato non sarà mai cambiabile e non ci sarà mai restituito, dobbiamo far sì che il nostro passato non rovini il futuro, ma dobbiamo trarne solo un enorme insegnamento.

Come Greta nei suoi scritti ci mostra, la vita è semplicità: non serve strafare, con l'evoluzione abbiamo iniziato a sottovalutare ogni piccolo gesto, rendendolo quasi una banalità: temiamo dire frasi dolci e le etichettiamo come sintomi di fragilità e, come si sa, la fragilità ai tempi nostri è considerata un difetto.

La fragilità, a parer mio, è umanità: solo nei film si vedono persone prive di essa.

Nessuno di noi è un supereroe ed è meglio mostrarsi senza maschera, amando davvero anche le lacrime di chi ci sta accanto.

Matteo Belgiovane

PREFAZIONE
di Samantha Oldani

...e come entrare nelle trame segrete di un'anima ci si addentra in queste pagine...

L'autrice ci permette di guardare in trasparenza frammenti della sua vita e ci lascia ago e filo per rilegare come vogliamo la sua anima.

Leggiamo di lei e di chi negli anni ha attraversato la sua strada, delle prime esperienze con l'amore ancora da scoprire e comprendere, della distanza tra ciò che si desidera e la realtà; leggiamo di lei sola, che cerca di amare e di amarsi, di definire e definirsi per comprendere sé stessa, ma che si sente impotente e bloccata in un bozzolo in cui non si riconosce più.

Ma soprattutto il tormento di cui ci parla è la fatica di diventare donna, prima capendo cosa voglia dire e poi cercando una strada che nella maggior parte dei casi sembra rivelarsi un vicolo cieco.

Ma è una ricerca che sebbene all'apparenza faccia soffrire a volte insopportabilmente è imprescindibile, inevitabile, naturale.

E tra ogni riga si sente la forza dell'esplosione di una vita che ha la potenza di rivelarsi per tutto ciò che vorrà essere, nonostante sé stessa.

Samantha Oldani

TORMENTI

Tutte le parole che sentivo di dover dire,
ma non ho mai detto.
Benvenuti nella mia mente.

L'ultimo bacio

Avessi saputo,
me lo sarei goduto di più.
Avrei assaporato
ogni momento
mi sarei lasciata andare
e avrei assaggiato gli attimi,
mordendoti le labbra,
facendole mie.
E invece no.
quel bacio è stato solo
un culmine di passione
come tutti gli altri,
ignaro di essere l'ultimo.
Meglio così.

Ti rivedo
in ogni giacca di pelle
in ogni mano tenuta in tasca
con il braccio teso
e le spalle alzate.

Ti saluto freddamente
con un sorriso plastico
quando in realtà
vorrei abbracciarti,
e non piegare le mie labbra
in una curva forzata
ma unirle in un bacio
e appoggiarle alle tue.

Mi pervade l'impotenza
davanti a un foglio bianco
con una matita in mano
e nella mente un vuoto
forse incolmabile.

La finestra semiaperta.
il silenzio della strada.
la luce soffusa.
della piccola lampada
accesa per non far vedere
che sono ancora sveglia.
Notte fonda.
Forse le due, le tre.
Forse le quattro.
Non lo so, non ho l'orologio
al polso.
Il telefono è spento,
in carica sulla scrivania,
così lontana…
La mente sembra sgombra,
ma non riesco comunque a dormire.
Una strana voglia di piangere,
di liberarmi,
da cosa non lo so.
Notte d'estate 2019.

Impossibile da avere,
sei il mio tormento.
Eccomi qua:
frustrata
e arrabbiata con una lei
che neanche conosco,
che ti ha preso
ancor prima che io potessi
solamente pensare di averti.
Così lontano,
nonostante quando ti veda
ho come l'idea di poterti afferrare
solo con una mano.
Ma lei ti tiene in pugno
e tu vuoi rimanere con lei.
Sei suo.

I tuoi occhi
le tue mani
il tuo sorriso.
Stai zitto, non parli.
Non voglio rovinare una singola cosa
e anche se sei lì, nella mia mente,
riesco a sentire il tuo odore,
che mi pervade le narici,
ma poi riapro gli occhi
in modo da vedere la realtà,
realtà in cui non ci sei.

Tremano.
Le gambe tremano.
Geme.
La voce geme.
Il riunirsi inaspettato
di qualcosa non successo.
Mai avrei sopportato di averti potuto avere
E non averti avuto.
No, non ti amo.
Sì, ti ho pensato.
E ora ti prego, smettila di guardarmi così,
come se avermi fosse l'unica cosa che vuoi.
Smettila di ripetermi "baciami stronza"
perché ormai l'ho già fatto.
E allora ti prego, arriva con il tuo vento
e fai tremare i muri.

Segni sulla pelle

Io e te,
spogliati delle nostre barriere,
nudi.
Tu che mi dici di fare schifo
mentre io ti trovo bellissimo,
con ogni piccolo segno e cicatrice
che ornano il tuo corpo magro,
e mentre li percorro con il dito
ti faccio fremere,
toccando i tuoi punti deboli.
E poi il tuo sguardo incontra il mio
e come una calamita
mi attrae a te.
E un lungo bacio comincia
per non smettere più.

Diari

Ho solo bisogno di qualcuno che quando mi vede, mi abbracci e mi stampi un bacio sulla fronte, qualcuno che mi chieda come sto, com'è andata quella verifica di cui mi preoccupavo tanto. Di qualcuno che ogni tanto mi chieda se ho mangiato o se ho dormito abbastanza e che mi faccia qualche complimento.
Anche un solo "sei bella oggi", "stai bene vestita così". Vorrei sentirmi apprezzata, desiderata. BELLA.
Faccio tanto l'indifferente, la persona indipendente dicendo che non ho bisogno di nessuno, specialmente un ragazzo al mio fianco perché "io mi basto. Basto a me stessa". Certe volte riesco a convincermi di questa cosa, ma certe volte no.

La verità è che mi faccio schifo. Una persona marcia dentro. Ecco come mi sento.

Rifletti seduta su una panchina
Mentre gli altri passano e ridono.
Li invidi un po', vero?
Anche tu sorridi a volte,
ma solo quando non pensi troppo.
Forse è per questo che ti riempi di cose da fare
Per non pensare.
Tutte le cose belle che vedi,
i sogni,
le speranze,
scompaiono sotto cumuli e cumuli
di dubbi,
paure.
E se questo fosse solo l'inizio?

Un passo e poi un altro
un rumore di chiavi che sbattono nell'aria,
impugnate da una mano che le tiene
per un portachiavi giallo.
Il suono di una borsa,
di quelle da palestra,
che rimbalza sulla gamba
e striscia contro i jeans.

Le lacrime non scendono.
Non ne vale la pena, no?
Sono pensieri stupidi, inutili.
Perché tanto sarà sempre così, niente cambierà.
E allora?
Continuare a vivere, per cosa?
Nulla sembra rendermi felice.

Quasi mi piace stare male, distruggere me stessa per
un qualcosa di superiore a me.
Stare male mi fa creare cose. Cose belle, belle per me.

Attacchi di malinconia

Per capire una cosa si deve partire dal significato lette-
rale di essa. Cercando quindi la parola "malinconia"
sul dizionario, questo è quello che c'è scritto:

Malinconia:
/ma·lin·co·nì·a/
sostantivo femminile

1. Stato d'animo di vaga tristezza, spesso alimentato
dall'indugio rassegnato o addirittura compiaciuto,
nell'ambito di sentimenti d'inquietudine o delusione.
Senza alcun valore sentimentale, motivo di deprimente
monotonia. Stato d'animo di sconsolato e pessimistico
abbandono.

2. Anticamente, l'umor nero, uno dei quattro umori
generati dall'organismo umano, cui si attribuivano
malefici e spesso fatali influssi sulle funzioni vitali.

È maledettamente affascinante quanto le parole giuste
messe nell'ordine corretto riescano ad esprimere
esattamente quello che, di solito, è inspiegabile a
parole. Un sentimento, o come in questo caso un non
sentimento, è un concetto astratto a cui noi umani
abbiamo dato un nome solo per identificarlo e capire

come comportarci di conseguenza: se sei felice, cerchi di goderti quel momento e prolungare questa sensazione il più a lungo possibile, se sei triste invece, la prima cosa che verrebbe in mente di fare è mandare via questo sentimento a opinione di molti "nocivo", ma alla fine ci si ritrova a non fare niente se non accentuarlo e non perché siamo tutti dei masochisti, ma si potrebbe dire che per "rimettere a posto i pezzi" ci vuole coraggio e forza di volontà, e in quei momenti in cui sembra che il mondo ti cada addosso, il coraggio e la forza di volontà non sono proprio le prime cose a portata di mano.

Ritornando invece alla malinconia, secondo la lingua italiana essa è "uno stato d'animo di vaga tristezza […] senza alcun valore sentimentale, motivo di *deprimente monotonia*". È spaventosamente corretto. Non solo, nella frase dopo viene aggiunto anche le parole "pessimistico abbandono". Pessimistico abbandono. Abbandono. Non è esattamente quello che si prova?

Personalmente, provo spesso malinconia. Non accade solamente nei momenti in cui è più prevedibile che questa "bestia" arrivi per divorarmi, e cioè quando per esempio sono a casa da sola e nessuno con cui parlare (a cui poi puntualmente si aggiunge l'ansia di rimanere da sola a vita e la paura di essere una persona insignificante), ma anche nei momenti meno probabili, per esempio quando sono in compagnia delle persone a cui voglio più bene. Succede e basta e alle volte non riesco neanche a non mostrare questo stato catatonico. Mi spengo completamente, all'istante.

Il processo è quasi sempre lo stesso: un momento prima sono tranquilla, relativamente felice e impegnata in qualcosa più o meno utile alla mia misera vita e un attimo dopo cambia tutto. È come se una grossa mano invisibile mi accarezzasse partendo dall'apice della testa, sfiorando poi la fronte, gli occhi, le spalle, calcando prepotentemente e spingendo con forza per poi appoggiarsi al centro del petto, esattamente tra la fine dello sterno e la bocca dello stomaco. È ghiacciata. Questo freddo poi si propaga in tutto il corpo, gelandomi il viso e bloccando occhi e bocca, che rimangono lì, incapaci di muoversi imprigionati in una "non-espressione", come di fatto è la malinconia: una "non sentimento". Coerente, no?
La testa poi pulsa, diventa pesante e inizia ad elaborare pensieri tossici... porta alla luce tutto quello che c'è stato di brutto nell'ultimo periodo, gli sbagli commessi, le cose di cui si è insoddisfatti. In seguito, le domande, interrogativi inutili e assurdi a cui non riesci a dare una risposta: "Continuare a vivere per cosa?" "Perché continuare a fare cose che non mi rendono felice?"

Accanto poi a questi pensieri, arriva, poi, una voce che quasi identifico come mia, ma non quella che sentono gli altri, ma quella che sento io nella mia testa: meno squillante e fastidiosa, da adulta, anche se adulta ancora non sono. Certe volte mi sento come una bambina che gioca a fare la grande e che molte volte ci riesce, a volte fin troppo. Una bambina che si trucca con mascara e rossetto.

Se invece ci si interroga di quando e perché questi "attacchi" avvengano, si possono trovare varie risposte. Partiamo dal momento: quando arriva la malinconia? La risposta è semplice: quando meno te lo aspetti.

La maggior parte delle volte inizio a percepire il suo arrivo con passo felpato quando mi ritrovo, per un motivo o per l'altro, a casa da sola, ma questo penso di averlo già detto in precedenza. Voglio però spiegarmi meglio: mi piace avere dei momenti in cui sono completamente sola, in cui posso fare quello che mi pare, pensare a quello che voglio e parlare da sola ad alta voce senza preoccuparmi di quello che gli altri potrebbero pensare. Sì, parlo da sola. Intrattengo interi discorsi con me stessa, i cui argomenti spaziano dalla musica alla scienza, certe volte pure in un'altra lingua. Non solo, metto in scena i film mentali che immagino in cui il mio lui dice di amarmi e fa gesti più o meno romantici per stupirmi.

Ma quando sono all'interno dei muri si sente solo quello che sta fuori: il vento, un bambino che gioca, il rumore di passi del vicino che sta sopra. Tutti questi suoni sono ovattati, attutiti dallo spessore delle pareti. Poi si sente il suono del mio respiro, della mia pelle che sfrega contro i vestiti, dei miei passi... e tutto questo mi mette un'ansia gigantesca. Entro nel panico solo a sentire qualcosa che sbatte contro il vetro della finestra perché ho paura. Così penso: "Sono davvero così fifona? Così debole e spaventata dal mondo da non riuscire a stare in una casa senza un altro essere umano?"

Esattamente... non è però la paura di morire, magari di soffrire o provare del dolore, ma l'idea che quello che sto vivendo, brutto o bello che sia, improvvisamente, senza che tu lo voglia, si blocchi. L'idea di non poter concludere quello che ho iniziato. Una cosa che mi spaventa ancora di più è che la gente poi possa trovare, vedere e leggere cose che non volevo condividere con nessuno o solo con alcuni. Ecco, questo mi spaventa a morte.

Ad accompagnare poi l'arrivo della mia amica, di solito c'è la nausea, questa sensazione di vomito imminente che mi sale dal fondo dello stomaco fino ad arrivare all'esofago, gelandomi poi il sangue e facendomi sudare freddo, ma solo per qualche istante. E vabbè, poi il resto l'ho già detto.
E poi basta, non c'è nient'altro, perché non succede niente, almeno per i cinque/dieci minuti successivi. Perché? Perché sento che se mi alzassi, prima di tutto quella sensazione di vomito diventerebbe reale e avrei paura di rigettare per davvero, e poi perché proprio mi si blocca tutto il corpo. Quando parlavo della mano che mi prendeva e passava su tutto il corpo non stavo esagerando. Ma non è una questione fisica, ma

mentale. So benissimo che in quei momenti se avessi voglia, potrei fare ogni cosa mi passa per la mente, ma la convinzione di non potermi muovere è tale che il cervello non riesce a mandare l'impulso ai muscoli e per fare in modo che accada, ci vuole un'enorme forza di volontà. Brutto, vero?

Madre Natura

Voglio scottarmi,
bruciarmi nel tuo fuoco,
passare la mano tra le fiamme
e ustionarmi.

Voglio bagnarmi nei tuoi laghi
Berne l'acqua
Far sì che ogni centimetro di pelle
Venga inumidito
E poi guardare il mio riflesso
Vicino a tutto il resto.

Ti prego, sfiorami
Quasi avessi paura di farmi male.
Voglio sentire il brivido di lunghi
Ramoscelli che si trascinano,
il tremolio leggero di un soffio di vento
e poi la grandezza devastante della tempesta.

È forse questo quello che voglio:
la distruzione.
Bruciarmi
E poi soffocare le fiamme con l'acqua.

Ho un paio di cose da dirti,
ma so che rimarranno su questo foglio
piegato e per sempre nascosto nel mio quaderno.

Mamma mia che rabbia che mi fai.
E io che mi ostino a parlarti… perché lo faccio?
È perché mi piace quando la gente parla di cose belle.
Mi piace quando tu parli di cose belle.

Starei ore ad ascoltarti.

Che poi… io cerco di evitarti,
ma ogni volta che esco penso se ti vedrò
con il tuo maglione a collo alto
e il tuo cappotto lungo.
Penso se sentirò il tuo passo,
perché sì, ti riconosco dal rumore che fai
mentre cammini.

Ma non voglio farmi sopraffare dalle aspettative,
dai miei viaggi mentali,
dalle speranze.
A malapena mi guardi.

La verità è che non te ne frega un cazzo.
Basta.

Cancellami, per favore,
come un errore a matita
con una gomma consumata.
Ne hai cancellate di cose successe, vero?
Perché si vedono ancora i solchi,
le ombre di cose scritte calcando
pensando potessero rimanere per sempre.
Si vede ancora la rabbia delle cancellature,
la forza con cui la mano ha quasi ridotto a niente
quella gomma.
E ora non hai voglia di scrivere altro.
Ora hai solo voglia di scarabocchiare,
di scarabocchiarmi leggero.
E quindi cancellami, eliminami.
Fammi diventare come quelle ombre di segni,
di errori,
i rimasugli di una cosa scritta veloce,
coperta da altro, da altre.
Fallo tu, perché io non scrivo a matita.

Lettera ufficiale per l'ennesimo stronzo

Ciao. Come stai? Spero tutto bene… davvero.
Bello come io mi preoccupi così tanto per te e tu invece riesca a fregartene altamente. Davvero molto bello.

Sai, io davvero capisco tutto: capisco il fatto che tu abbia le tue cose da fare, il fatto che tu non voglia farti vedere dai tuoi amici come qualcuno che non sono abituati a vedere, perfino il fatto che lo spirito di quella ragazza che ti ha spezzato il cuore condizioni ancora molti tuoi comportamenti, ma basta. Basta stare sulle tue. Lo so, la fiducia è qualcosa per te difficile da concedere. Ti capisco. Vorrei solo farti capire che con me puoi stare tranquillo. Non posso farti del male… non posso farti stare più male rispetto a quanto tu abbia fatto del male a me. Già. E non lo voglio dire per farti sentire in colpa o altro, seriamente. È solo per farti capire che per il tipo di persona che sono io, far soffrire il prossimo è molto difficile. Piuttosto mi faccio del male da sola.

Ma non è per questo che sei così. Un po' perché ti hanno insegnato, vero? "L'uomo che non fa trasparire i sentimenti, quello che tira dritto, a testa alta e che per arrivare a suoi obiettivi non guarda in faccia nessuno." Non ti stanchi dopo un po' a stare sempre composto, sempre impassibile? Non sei stanco di isolarti, di stare da solo con il tuo dolore? No?

Si, anche io sono così… però in una maniera diversa. A differenza tua, anche se sto male, quando sono con altre persone cerco in tutti i modi di farmela passare momentaneamente, perché sì, non voglio essere compatita o aiutata. Mi fa ridere però come io e te abbiamo lo stesso modo di raccontare i nostri traumi: buttandola sull'ironia e poi cambiando discorso. Ecco una delle poche cose che abbiamo in comune.

Comunque boh, il giorno in cui mi hai baciata è stato davvero strano. Il giorno poi in cui siamo andati a casa tua è stato anch'esso strano. Tu per me eri strano. Lo sei ancora adesso. Mi colpisce sempre la tua freddezza… freddezza che poi scompare e ricompare, a seconda dei pensieri che ti balenano in testa. Come fai? Davvero non lo riesco a capire.

Come fai a stare in silenzio con me nuda accanto quando io, piena di ragioni per odiarti, con un tuo solo tocco mi sciolgo e tutte quelle cose che vorrei urlarti in faccia scompaiono magicamente? E se provo a dirti qualcosa, mi sembra sempre così stupido… io mi sento sempre così stupida. Una stupida che crede che la tua sia solo timidezza, insicurezza e scarsa fiducia nel prossimo quando invece la realtà è ben diversa: hai solamente voglia di aumentare il tuo ego. Sì. Perché io per te sono questo: un'occasione per ingigantire ancora di più il tuo ego.

Chissà come finirà tra noi due… la cosa certa è che quella che ci rimarrà male, l'unica che ci rimarrà male sono io. Ne sono sicura. Tu sei così imperturbabile, così distaccato da ogni tua emozione che hai voluto subito mettere in chiaro come ti sarebbe piaciuto che mi comportassi nel caso finisse. "Perché ho paura di passare da stronzo". Insomma, basta che non vada in giro a dire che ti sei comportato da stronzo. Ma in fin dei conti lo avevi messo in chiaro subito e la colpa qui è solo la mia. Mia e basta. "Comunque sappi che se qualcuno me lo chiedesse, non negherei niente." Wow, grazie. Davvero. Così sì che mi hai fatto sentire speciale, bella e desiderata.

E io che continuo a cercarti… che stupida.
È che eri diventato il mio momento felice in un susseguirsi di giornate di merda. Il momento in cui riuscivo a staccare da tutto e da tutti per concentrarmi su una cosa che mi faceva stare bene e guarda adesso… Sei diventato una delle ragioni per cui nei momenti più sbagliati, nascono dagli occhi le lacrime da donare alla tristezza, all'ansia, al malumore. Sai, ormai la malinconia è la mia compagna di vita e se prima del tuo arrivo ero riuscita un po' ad allontanarla, ora sono tornata a riconoscere il passo felpato che ha quando arriva e il potere che ha la sua mano gelida su di me.

Tintinnio di orecchini

Sei, sette, otto, nove, dieci
quanti buchi ti sei fatta alle orecchie.
È un tintinnio di orecchini.
Tin
ti sposti i capelli
tin tin
muovi la testa
tin tin tin
vai su e giù.
E così poi vai allo specchio
e vedi se te ne sono caduti alcuni:
uno è lì, sotto il cuscino
l'altro è per terra
sotto al letto.
E con la pelle perlacea scoperta
lo raccogli e ti avvicini allo specchio.
Un movimento di testa per spostare
quelle ciocche castane
e con le mani agilmente inserisci i gioielli
mancanti.
Ti giri ed eccolo ancora:
tin tin tin.

Sei il pensiero che nasce di notte
quando nel buio del nulla
si crea una scintilla,
una luce speranzosa.
Sei la coperta calda
il cuscino morbido
il silenzio riappacificante.
E dopo mille notti insonni,
sei la calma,
il sonno,
il sogno.

NOTE SULL'AUTRICE

Greta Brigati, scrittrice.

Piacentina, frequenta il corso di lettere moderne all'Università di Parma e contemporaneamente il corso di pianoforte al Conservatorio Nicolini di Piacenza.

Nella sua vita ha sempre cercato di fare arte, in tutte le sue sfaccettature, ma la scrittura è l'unica che le è sempre rimasta accanto, passando dalle storielle create da una mente bambina che narravano di principesse, animali parlanti e fantasmi fino ad arrivare agli scritti più "adulti, nati dall'esigenza di dialogare con emozioni e pensieri, positivi e negativi, e trasformarli in parole.

Le sue esperienze vanno dai concorsi di poesia, scolastici, ma anche nazionali, la direzione del giornale scolastico del suo liceo fino ad arrivare alla collaborazione con quotidiani come Libertà o PiacenzaSera.

NOTE SUGLI AUTORI DELLA PREFAZIONE

Matteo Belgiovane (Belgio), scrittore e influencer.

Nato a Cremona il 24 agosto 2000 è conosciuto negli ambiti letterari e della poesia come "Belgio".
I suoi primi 3 libri editi da Edizioni We scalano le classifiche online, arrivando ai primi posti assoluti.
Belgio tratta principalmente di tematiche giovanili tra cui anche il bullismo e la depressione.
TV, social, giornali ormai sembrano parlare solo di Lui.
Numerosi riconoscimenti e prestigiosi premi non lo distolgono dagli impegni con le associazioni con cui collabora, come ad esempio "Noi ci siamo San Marino" .

Samantha Oldani, attrice e operatrice teatrale.

Laureata in Storia del Teatro e dello Spettacolo presso l'Università Cattolica del Sacro Cuore di Milano e diplomata presso il CRT-Centro di Ricerca Teatrale di Milano, prosegue la sua formazione su teatro, corpo e voce tra la Francia e l'Italia.
Ha collaborato con diverse compagnie teatrali soprattutto in Lombardia e in Emilia Romagna come attrice, autrice, formatrice teatrale e nella direzione artistica di festival e rassegne, inoltre lavora con il linguaggio teatrale e la scrittura creativa anche in ambito pedagogico e sociale.

Dedicato a...

Tante persone hanno influito positivamente nella mia vita, chi più, chi meno, ma ce ne sono due a cui devo tantissimo: mio nonno Renato e mia nonna Vilma. Che dire di loro...
Beh, mio nonno era un militare che dipingeva e teneva dei corsi di pittura. Amava la cultura e sin dalla mia nascita ha cercato di farmi imparare più cose possibili. Ho in mente un ricordo vivissimo, di me e lui che passeggiamo per le strade di Riccione e io che lo prego di raccontarmi per l'ennesima volta le vicende di Ulisse, con il suo accento toscano, che ormai andava perdendosi. Lui mai una volta che mi diceva di no. Era una persona buona, dolce, impossibile da odiare. Io e lui siamo nati lo stesso giorno e il legame che c'era tra di noi era qualcosa di speciale. Lui mi portava alle mostre, mi faceva disegnare, mi ascoltava quando studiavo e prendeva sempre le mie difese. Purtroppo l'ho perso in un momento della mia vita in cui non riuscivo a capire l'enorme importanza c'è aveva per me: ero alle medie, durante i primi anni dell'adolescenza, anni in cui ero intrattabile e odiosa e avevo creato un distacco con la mia famiglia. È stato solamente dopo che mi sono accorta quanto mi mancasse, nonostante a quei tempi abbia sofferto tantissimo per la sua perdita. E a volte penso a cosa mi potrebbe dire se mi vedesse ora: "Nonno, ho fatto la maturità, sono in conservatorio e sto frequentando l'università. Ho scritto un libro e una pagina è dedicata a te e alla nonna". So che mi guarderebbe attraverso quei grandi occhiali, farebbe un sorriso e poi inizierebbe a urlare "Vilma! Hai sentito? Vieni ad ascoltare che cosa ha fatto la Greta!"
Vilma... la sua amata moglie. Che donna straordinaria.

Io non so come facesse, ma lei diceva una cosa e quello accadeva: quando sono nata lei ha detto "lei farà lettere moderne all'università" e io che cosa ho fatto? Lettere moderne. Già.

Era una donna dalla mano ferma, che se non si faceva come voleva lei erano guai, ma allo steso tempo era dolcissima e si commuoveva per ogni cosa. Era un'appassionata di lirica e aveva una passione sfrenata per Giuseppe Verdi (immaginate la sua reazione quando le ho detto in prima media che andavamo in gita a Busseto). Lei era un tipo di donna che amava informarsi su tutto… ascoltava la radio, leggeva i giornali e non teneva mai spenta la televisione. Poi, quando sentiva cose interessanti, prendeva un foglietto di carta, una biro e si scriveva quelle informazioni che aveva appena sentito. Quando poi io e mia mamma andavamo a casa sua, partiva: "Greta, senti cosa ho sentito ieri sera alla radio…". Nella mia testa, ancora oggi, dopo più di un anno dalla sua morte, ho in testa una frase che mi continuava a ripetere: "Greta, sii sempre curiosa, mi raccomando".

Ho passato tanto tempo con loro, erano il mio punto di riferimento più grande. E quando stavo a casa mia, li chiamavo, o li chiamava mia mamma: se si guarda bene, il mio telefono di casa ha dei numeri che sono più sbiaditi di altri: 235690, i numeri che combinati formano il loro numero di casa.

E quindi, nonostante quelle due, tre lacrime che mi sono scese mentre scrivevo queste righe su di loro, sono contenta di aver dato a loro uno spazio all'interno di un mio lavoro. È il mio modo per ringraziarli per tutto quello che hanno fatto per me.

◆ ◆ ◆ ◆

Mai sarei arrivata a questo punto con la scrittura senza una persona specifica: si chiama Welid e per molti anni è stato l'unico ad aver letto i miei scritti.

Ci mandavano le cose a vicenda ed è sempre stato un bel momento di scambio e interazione tra due teste diversissime, con trascorsi differenti e un linguaggio che in pochi casi trovava dei punti in comune.

Eppure le cose che mi mandava mi facevano sempre emozionare. Ricordo perfettamente ogni consiglio, ogni aggiustamento, ogni critica (ed erano tante) che mi faceva quando leggeva i miei testi.

Mi immagino la sua faccia mentre legge questa pagina: l'imbarazzo, le risa e una frase in testa "Cosa cavolo sta dicendo?"

Imbarazza un po' anche me trovarmi a scrivere della nostra amicizia e del nostro rapporto, nato un giorno ad un Open Day del nostro liceo, caratterizzato da alti e bassi, da momenti in cui ci si scriveva tutti i giorni e sapevamo tutto della vita dell'altro, e. invece. altri in cui non ci si sentiva per mesi. Ma penso che sia il bello del nostro rapporto: quando uno ha bisogno dell'altro, manda un messaggio, ci troviamo e si fa il punto della situazione riguardo alle nostre vite.

La cosa che mi piace di più è il fatto che con lui non riesco mai a finire un discorso: io e lui abbiamo la capacità di partire da una *"cazzata"* e aprire mille parentesi che mai verranno chiuse.

Welid è un artista. Lui è una persona che davvero vive

per la scrittura, mica come me che mi capita di scrivere tra le varie cose che faccio. Io sono sicura che in qualche modo sarà la sua strada e glielo auguro con tutto il cuore. È anche per questo che sto scrivendo questa pagina, per incoraggiare a fare quel salto temuto da tanti, rendere realtà quei sogni mostrando ad altre persone quella magia riesce a fare quando prende in mano una biro e scrive su quel suo quaderno tutto strappato e scarabocchiato.

E ora mi rivolgo direttamente a te Welid: te lo dico poco, ma ti voglio bene.

Questo è il mio modo per dirti che credo in te, che puoi farcela e che ti auguro il meglio dalla vita, perché te lo meriti.

Welid Sahli M'sakni è un giovane studente di lettere all'Università degli studi di Milano, nato a Codogno e cresciuto a Caselle Landi, località della bassa lodigiana. Dopo le scuole medie, si iscrive al liceo Colombini, opzione scienze applicate; lì conosce l'amore per la letteratura e per la scrittura, quindi entra a fare parte del giornalino scolastico (L'Eco di Giulia) e partecipa a diversi concorsi letterari, venendo pubblicato due volte (nelle antologie "Una poesie dal cassetto 4" e "Sposta la tua mente al dopo... e raccontalo").

Segui l'autrice sui social:

profilo Instagram: @Gretabi_

www.ingramcontent.com/pod-product-compliance
Lightning Source LLC
Chambersburg PA
CBHW021811150726

47989CB00004B/1881